이화여자대학교 이화어린이연구원 총서 4

교사라면 꼭 알아야 하는

쌓기놀이 지도의 모든 것

| 이화여자대학교 이화어린이연구원 편 |

도서출판 파란마음

머리말

쌓기놀이는 유아가 가장 좋아하는 놀이 중 하나입니다. 아주 어린 영아부터 유아까지 쌓고 해체하고 또다시 변형하여 쌓고 구조물에 이름과 이야기를 부여하며 자신의 생각을 표현합니다. 쌓기놀이는 영유아의 전인적 발달을 촉진할 수 있는 대표적인 놀이로 알려져 있습니다.

쌓기놀이는 유아의 삶과 밀접한 관련이 있는 놀이입니다. 쌓아서 만드는 것이 기본인 건축, 정리하기 위해 쌓은 그릇, 쌓거나 끼워서 만든 예술품 등은 쌓기놀이의 핵심인 쌓기와 끼우기가 결합된 문화적 산물입니다. 유아와 교사의 삶에 공통적으로 존재하는 쌓기이기 때문에 쌓기놀이의 가치는 더욱 높다 할 수 있습니다.

여러분도 놀이와 관련된 교과목을 통해 충분히 쌓기놀이의 교육적 효과를 인지하고 있을 것입니다. 이러한 교육적 효과는 교사가 쌓기놀이를 위한 환경을 조성해주고 영유아의 놀이를 관찰하면서 적절한 상호작용과 안내를 해줄 때 극대화됩니다. 실제로 교사들이 쌓기놀이 지도를 다른 놀이지도에 비해 어려워한다는 연구결과가 있을 만큼 교사는 쌓기놀이 지도에 어려움을 겪고 있습니다. 아마 여성이 대부분인 교사가 쌓기놀이를 직접 해 본 경험이 적기 때문이기도 하겠지만, 쌓기놀이를 어떻게 지도해야 하는지 체계적으로 학습할 기회가 적었기 때문일 수 있습니다.

이 책은 교사가 "쌓기놀이 지도가 이렇게 쉬운 것이구나!"라고 생각할 만큼 쉽게 집필되었습니다. 쌓기놀이를 잘 지도하기 위해서 교사는 쌓기놀이가 일상의 삶과 어떤 관련이 있는지, 쌓기놀이에 필요한 블록과 소품은 어떻게 구하고 배치하는지, 쌓기놀이와 일상생활을 어떻게 연계할 수 있는지, 영유아의 쌓기놀이 수준은 어떻게 파악할 수 있는지, 영유아의 놀이를 관찰하여 어떻게 교과 관련 지식을 학습하게 하는 기회로 활용할 수 있는지, 쌓기놀이 중 발현된 흥미를 유지하면서 놀이가 확장, 발전되도록 어떻게 지도할 수 있는지를 알아야 합니다. 교사가 알아야 하는 각 사항에 대한 기본 지식 및 원리와 풍부한 사례를 통해 교사가 쌓기놀이 지도 방법을 쉽게 이해하고 교육의 실제에 적용하도록 준비하였습니다.

현장에서 영유아가 쌓기놀이를 즐겁게 하면서 배울 수 있게 도와주고 싶은 교사뿐만 아니라 학부과정에서 유능한 교사가 되기 위해 준비하는 예비교사, 그리고 대학원 과정에서 교육 현장에의 시사점을 주기 위해 연구하는 연구자에게도 도움이 되기를 희망합니다.

저자 대표 박은혜

차례

이 책을 구입하여 읽어야 할지 결정하기 어렵다면 다음의 질문에 답해 보세요.

1 **영유아를 가르치는 교사인가요?**

- 예: 큰 도움이 됩니다.
- 아니오: 유아교육기관의 관리자, 예비 유아교사, 대학원 학생, 연구자에게도 도움이 될 것입니다.

2 **쌓기놀이 지도에 어려움을 느끼시나요?**

- 예: 큰 도움이 됩니다.
- 아니오: 새로운 관점을 접할 수 있기 때문에 쌓기놀이 지도를 개선하는 데 도움이 될 것입니다.

3 **지도하는 학급에 쌓기놀이 영역이 마련되어 있나요?**

- 예: 쌓기놀이를 위한 환경을 개선하는 데 도움이 될 것입니다.
- 아니오: 쌓기놀이 영역을 구성해야겠다는 생각이 드실 것입니다.

4 **쌓기놀이 영역에 어떤 쌓기 놀잇감이나 소품을 제공해야 하는지 알고 계시나요?**

- 예: 추가적인 블록이나 소품, 그리고 일상생활 용품을 활용하는 방법에 대해 더 알 수 있습니다.
- 아니오: 기본적인 블록이나 소품에 대해 알 수 있습니다.

5 쌓기놀이에도 수준이 있다는 것과 쌓기놀이 발달 단계를 알고 계시나요?

예: 현재 아시는 것보다 더 상세한 수준으로 단계를 나눌 수 있다는 것을 알 수 있습니다.

아니오: 현재 놀이 수준을 파악하여 보다 높은 수준으로 발전해나가도록 지도해줘야 하기 때문에 도움이 될 것입니다.

6 쌓기놀이 영역에서 주로 놀이하는 유아는 남자인가요?

예: 남아의 특성을 고려하여 쌓기놀이를 지도하는 데 도움이 됩니다. 그런데 쌓기놀이는 여아의 발달과 학습에도 큰 도움이 됩니다. 여아가 쌓기놀이나 블록놀이를 하도록 지원하는 방법에 대해 알 수 있습니다.

7 쌓기놀이가 학습의 도구가 된다는 것을 알고 계시나요?

예: 쌓기놀이를 통해 교과 내용 지식과 개념을 가르치는 전략에 대해 자세히 알 수 있기 때문에 도움이 됩니다.

아니오: 쌓기놀이가 유아의 발달과 학습에도 큰 도움이 된다는 것을 알 수 있고, 쌓기놀이를 심화 · 확장시키는 방법에 대한 아이디어를 얻을 수 있습니다.

8 학급 유아가 쌓기놀이를 할 때 어떻게 놀아주거나 어떤 말을 해줘야 할지 알고 계시나요?

예: 유아의 흥미를 기반으로 쌓기놀이를 확장하는 방법에 대해 현재 아시는 것 이상의 내용이 담겨 있기 때문에 도움이 됩니다.

아니오: 교사가 어떻게 놀아주거나 어떤 말을 해주냐에 따라 유아의 놀이 내용이나 수준이 달라진다는 것을 알 수 있기 때문에 도움이 될 것입니다.

I

쌓기, 삶, 놀이

우리의 삶 전반에 녹아있는 쌓기를 이해하는 것은 교사가 유아의 쌓기놀이를 폭넓은 시각에서 바라보고 지원할 수 있는 출발점이 될 수 있습니다.

자연은 신이 만든 건축이며, 인간의 건축은 그것을 배워야 한다.

– 안토니오 가우디 –

1 주변에서 볼 수 있는 쌓기: 쌓기의 연장인 우리의 일상

무엇인가가 쌓여있는 것을 찍은 것입니다. **자연현상 그 자체가 쌓기**이기도 하며 **인간이나 동물이 주체가 되어 쌓기**도 합니다.

퇴적물

주상절리

낙엽이 쌓인 공원

눈이 쌓인 거리

새집

돌담길

쌓기는 우리의 일상생활 속에서도 빈번하게 나타납니다.

주위를 둘러보면 겹겹이 쌓여있는 책, 의자, 그릇 등을 쉽게 발견할 수 있습니다.

우리는 다양한 목적을 가지고 쌓기를 합니다. 여러 가지 목적을 위해 쌓아올린 모습은 다양한 형태로 나타납니다.

거주 공간을 위한 건축,
파이팅을 위해 여럿이 함께 쌓은 손,
아름다움이나 위엄을 나타내기 위한 머리 위 장식,
고명을 쌓아올려 맛을 더한 음식,
종이 쌓기로 만든 신비하고도 오묘한
예술품이 있습니다.

우리는 한정된 공간에서 효과적인 정리가 필요한 순간을 자주 경험합니다. 공간을 효율적으로 활용해야 하는 상황은 우리를 쌓기의 달인으로 만들기도 합니다. 정리하는 공간과 재료가 다양한 만큼 쌓는 방법도 다양합니다.

위로 쌓는가 하면 옆으로 쌓기도 하고, 크기를 고려하여 쌓기도 하며 포개어 쌓기도 합니다.

이 외에도 일상에서 볼 수 있는 쌓기는 다양합니다. 내 주변에는 또 어떤 쌓기가 있는지 생각해 봅시다.

교사를 위한 생각거리

유아의 쌓기놀이를 활성화하고 지원하기 위해 일상에서 발견할 수 있는 쌓기를 어떻게 활용할 수 있을지 생각해 봅시다.

- 주변에서 볼 수 있는 일상에서의 쌓기에는 어떤 것이 있을지 생각해 봅시다.
- 유아에게 사진을 보여준다면 어떤 사진이 적절할지 생각해 봅시다.
- 유아와 함께 주변을 돌아보거나 사진을 볼 때 어떤 질문을 할 수 있을지 생각해 봅시다. 쌓기의 목적에 대해, 쌓는 자료나 재료에 대해, 쌓는 방법에 대해, 효과적으로 쌓는 전략에 대해 질문할 수 있을 것입니다. 또 어떤 질문을 할 수 있을까요?

2 왜? 언제부터?

사람들은 왜, 언제부터 쌓았을까요?

오래전부터 살기 위한 공간을 만들기 위해 쌓기를 하였습니다. 자연에서 겪게 되는 어려움을 극복하기 위해 다양한 형태의 주거공간이 나타났습니다. 다양한 주거 형태에서 볼 수 있는 쌓기는 사람들의 경험적 지식의 축적과 기술 및 도구의 발달로 인해 점차 다양해졌습니다.

| **움집:** 기원전 4000~700년에 이르는 신석기 시대에는 농사를 짓기 시작하면서 함께 모여 살게 되었고, 원시적이지만 주택의 형태를 갖추어서 살기 시작하였음 |

| **초가집과 기와집:** 통일신라 시대부터는 초가집에서 기와집에 이르는 다양한 주택의 형태가 나타남. 초가집은 통나무나 나뭇가지를 쌓은 후 지붕은 초가로, 벽은 흙담으로 쌓아올려 장식을 하였으며 대부분 서민들이 거주하였음. 기와집은 기본적으로 나무 기둥 위에 기와를 얹고 장식을 하였는데, 계급별로 장식과 기와가 달랐음 |

사적인 공간을 구분하거나 자신만의 주거공간을 외부로부터 보호하기 위해 다양한 재료와 방식으로 쌓기를 하였습니다.

| **제주도 돌담:** 돌을 주재료로 하여 쌓아올린 담 |

사람들은 **주술적 목적**으로 오래전부터 쌓기를 하였습니다. 자연 속에서 생존하기 위해 무언가에 강하게 기대고 싶은 욕구를 표현하거나, 풍요와 건강을 기원하기 위한 마음을 표현하는 수단으로 쌓아 올리기를 시도하였습니다.

조상을 떠올리고 기리는 마음을 쌓기로 나타내기도 하였으며, 부처의 사리를 봉안하기 위해 종교적인 목적으로 탑을 쌓기도 하였습니다.

| **고인돌:** 한국 청동기 시대의 대표적인 무덤 양식 |

| **파고다:** 종교적인 목적으로 세워진 탑으로, 주로 본래 불교에서 사리를 넣던 탑을 의미함 |

짐을 **나르기 위한 수단**으로 쌓기도 하였습니다. 어떤 것을 옮기는지에 따라 방법은 달랐지만, 사람들은 많은 짐을 효율적으로 옮기기 위해서 쌓기를 활용하였습니다. 나라마다 초기 이동수단은 다르지만, 많은 짐을 싣고자 하는 노력은 국경을 초월하여 유사합니다.

나귀에 짐을 싣고 대륙을 횡단하는 모습

소달구지에 짐을 싣고 피난 가는 모습

지게에 짐을 싣고 장으로 가는 모습

이처럼 쌓기는 오래전부터 다양한 목적을 달성하기 위해 우리의 일상 속에서 자연스럽게 나타나고 있었습니다. 사람들은 목적에 따라 쌓는 재료나 쌓는 방식을 달리하였고, 그 과정에서 효율적으로 쌓는 방법도 고민하였습니다. 다양한 목적의 쌓기는 오늘날까지도 계속 이어지고 있습니다.

3 영유아 놀이에서 볼 수 있는 쌓기: 쌓기가 중심인 영유아의 놀이

쌓기는 영유아의 놀이에서도 다양하게 나타납니다. 영유아가 쌓기놀이 영역에서 쌓기놀이를 할 때만 쌓는 것은 아닙니다. 다양한 놀이를 할 때도 다양한 목적으로 다양한 방식의 쌓기를 합니다. 영유아가 하는 쌓기를 보면 우리가 일상에서 하는 쌓기와 크게 다르지 않음을 알 수 있습니다. 영유아도 다양한 목적을 달성하기 위해 다양한 재료로 쌓기를 하고 효율적으로 쌓기 위해 고심하고 있습니다.

청소를 위한 정리를 할 때는 의자를 쌓기도 하고, 잘 붙는지 보려고 자석 블록을 쌓기도 하고, 누가 더 높이 쌓나 시합을 할 때는 책을 쌓기도 하고, 꼭꼭 숨겨주려고 천이나 종이벽돌을 쌓기도 합니다.

의자 쌓기

자석 블록 쌓기

책 쌓기

영유아가 쌓기를 가장 적극적으로 할 때는 쌓기놀이 영역에서 놀 때입니다. 쌓기놀이 영역은 쌓아서 무엇인가를 만드는 구역이라는 것을 영유아도 알고, 쌓기놀이 영역에는 쌓을 수 있는 다양한 쌓기 자료가 있기 때문입니다.

쌓기놀이 영역에서는 한 가지 블록으로 쌓기도 하지만, 일상용품을 사용해서 쌓기도 하고, 몇 가지 블록을 함께 사용하여 쌓기도 합니다.

교사를 위한 생각거리

영유아의 쌓기놀이를 활성화하고 지원하기 위해 다음에 대해 생각해 봅시다.

- 영유아가 하는 일상적인 쌓기의 목적은 무엇인지 생각해 봅시다.
- 영유아가 쌓기놀이 영역이 아닌 곳에서 쌓기를 하는 사진을 보여준다면 어떤 사진이 적절한지 생각해 봅시다. 그 사진을 보여주면 영유아가 쌓기놀이를 할 때 어떤 영감을 얻을 수 있을까요?
- 영유아의 일상적 쌓기 모습이나 사진을 보면서 어떤 질문을 할 수 있을지 생각해 봅시다. 쌓기의 목적에 대해, 쌓는 자료나 재료에 대해, 쌓는 방법에 대해, 효과적으로 쌓는 전략에 대해 질문할 수 있을 것입니다. 또 어떤 질문을 할 수 있을까요?
- 영유아가 자유롭게 쌓기놀이를 하도록 하려면 어떤 제한을 없앨 수 있을까요? 쌓기 놀잇감으로 일상용품 활용하기, 한 가지 이상의 쌓기 놀잇감을 섞어서 사용하도록 격려하기 등의 방법을 실천해 보세요.

4 영유아가 하는 쌓기놀이: 쌓기놀이의 핵심 개념

쌓기놀이는 말 그대로 쌓아가면서 노는 놀이입니다. 쌓기놀이는 영유아가 자신의 세계를 구성하고 창조하도록 돕습니다. Bender(1978)는 블록이란 영유아 자신이 이해한 세계를 만들어 볼 수 있도록 하는 하나의 도구로서 영유아들은 쌓기놀이를 통해 이미 습득한 아이디어와 학습한 것을 발전시켜 새로운 경험을 얻게 된다고 하였습니다. 쌓기놀이를 영유아의 관점에서 바라본다면 쌓기의 의미, 느끼는 감정, 사고 과정의 변화를 읽을 수 있을 것입니다.

어떻게 쌓아가는지는 영유아의 발달에 따라 다릅니다.

아주 어린 영아는 쌓기 놀잇감을 탐색하는 과정에서 우연히 쌓기도 하고, 처음에는 무엇을 만들겠다는 생각 없이 쌓기도 하지만 점차 무엇을 만들겠다는 생각을 가지고 쌓게 됩니다.

굴뚝

케이크

발달이 더 이루어지면 쌓기놀이는 수단이 됩니다. 다시 말하면 다른 놀이를 하기 위해 필요한 무엇인가를 쌓아 만드는 것이지요.

성

비행장

예전에는 쌓아서 노는 놀이를 쌓기놀이라고 했지만 끼워서 만들 수 있는 놀잇감이 개발되면서 끼워서 만드는 놀이도 쌓기놀이라고 부르게 되었습니다. 어떤 방법으로 끼우는지는 영유아의 발달에 따라 다릅니다.

몇 가지의 끼워서 만드는 놀잇감

어린 영아의 끼우기

유아의 끼우기

물론 쌓거나 끼우는 놀잇감을 함께 사용한다면 영유아의 쌓기놀이가 더욱 풍요로워지겠지요? 여러분도 적극적으로 영유아가 다양한 종류의 쌓기 놀잇감을 함께 사용하도록 격려해 주세요.

쌓기 놀잇감과 끼우기 놀잇감을 함께 사용한 구성

쌓기 놀잇감과 끼우기 놀잇감을 함께 사용하면 놀잇감 부족을 해소할 수 있을 뿐만 아니라 영유아의 아이디어를 더 구체적으로 실현할 수 있습니다.

교사를 위한 생각거리

영유아의 쌓기놀이를 활성화하고 지원하기 위한 새로운 방법을 생각해 보세요.

- 영유아와 함께 교실 안에서 물건이 쌓여져 있는 공간을 찾아봅시다.
- 활동실에 있는 블록을 잠깐 없애고 어린이와 기관(유치원/어린이집)의 여러 곳을 다니면서 쌓을 수 있는 물건을 찾아봅시다.
- 어린이와 함께 다양한 재료를 활용하여 다양한 방법으로 쌓아봅시다.
- 어린이와 함께 한 가지 재료를 활용하여 다양한 방법으로 쌓아봅시다.

Ⅱ

쌓기놀이를 통해 성장하는 영유아

쌓기놀이를 하면 영유아 발달의 어떤 측면이 촉진될까요? 쌓기놀이가 전인적 발달을 유도한다고 하지만 실제 그럴까요? 영유아의 쌓기놀이 결과물을 보고 영유아의 발달을 이해할 수 있을까요? 쌓기놀이가 영유아 발달에 미치는 긍정적 영향을 아는 것과 영유아의 현재 발달 수준이 반영된 쌓기놀이 결과물을 보고 이해하는 능력은 교사가 영유아의 쌓기놀이를 폭넓은 시각에서 바라보고 지원할 수 있는 출발점이 될 수 있습니다.

1 교육의 눈으로 본 쌓기놀이

쌓기놀이는 영유아의 전인적 발달에 도움이 됩니다. 이것은 어린이의 연령이나 성별에 관계없이 쌓기놀이를 할 기회를 교사가 적극적으로 제공해야 하는 이유입니다. 쌓기놀이를 통해 이루어지는 영유아의 전인적 발달을 살펴봅시다.

영유아가 쌓기놀이를 하는 동안 운동 능력, 신체와 공간 지각 능력, 감각 능력이 발달하면서 신체가 발달하게 됩니다.

신체 발달

운동 능력	• 큰 블록을 옮기고 작은 블록을 집어 쌓거나 끼우면서 대·소근육 발달 • 작은 블록을 집거나 끼우면서 눈과 손의 협응 능력 발달 • 대·소근육의 움직임이 초래하는 변화를 이해하는 능력 발달
신체와 공간 지각	• 제한된 공간 내에서 쌓기를 하면서 공간과 신체 움직임 간의 관계를 지각하는 능력 발달
감각	• 다양한 재질과 모양의 쌓기 놀잇감을 활용하여 놀면서 감각 능력 발달

영유아가 쌓기놀이를 하는 동안 어휘, 표현력, 의사소통 능력이 발달하면서 언어가 발달하게 됩니다.

언어 발달

어휘	• 일반적 어휘 및 수 · 과학적 어휘를 사용할 기회가 많아 어휘가 발달함 예 모양: 네모난, 원통형의, 세모난, 둥근/ 납작한 측정: 더 큰/ 더 작은, 더 무거운/ 더 가벼운 • 구성물에 대해 의사소통하기 위해 보다 정교한 언어를 사용할 기회 증가 • 교사가 구성물이나 상황에 대해 명명해 준 어휘를 익힐 기회 증가 예 아치 모양의 블록을 원기둥 모양의 블록 위에 올려 놓았구나!
표현력	• 구성물에 대해 타인과 상호작용하는 과정에서 자신의 경험이나 생각을 표현할 능력 증가 • 자신이 쌓거나 끼워 만든 것에 대해 말이나 글로 표현하거나 그래프나 차트로 표상하거나 이야기 짓기 등을 통해 표현할 기회 증가
의사소통	• 또래나 교사와 함께 놀이하면서 상대방의 말을 경청하고 의견을 조율할 기회 증가

영유아가 쌓기놀이를 하는 동안 공간 개념, 표상 능력, 문제 해결 능력, 수 · 과학적 지식, 사회적 지식이 쌓이면서 인지가 발달하게 됩니다.

인지 발달

공간 개념	• 모양과 형태 인식, 시각적 식별 능력, 공간에서의 위치 등의 공간 개념 발달
표상 능력	• 구성물을 쌓은 후 사물, 역할 혹은 상황을 가상으로 상상해서 언어로 표현하는 기회를 통해 중요한 인지 능력인 표상 능력 발달
문제 해결 능력	• 문제에 대해 반응하면서 구체적인 목표를 달성 예 겉모양이 다각형인 블록을 수직으로 쌓으려고 시도할 때 • 또래 혹은 교사가 문제를 어떻게 해결하는지 관찰하고 모방하거나 발전시킴 예 주차장에 넣을 자동차의 수보다 주차장 공간이 적을 때 • 문제에 대해 몇 가지의 가능성을 분석적으로 검토한 결과를 바탕으로 해결 예 다양한 크기의 재활용품이 있을 때 쌓아서 실제 크기의 공룡을 만드는 몇 가지 방법 중 현실적인 방법을 찾을 때
수 · 과학적 지식	• 수, 길이와 높이, 기하와 패턴, 분류, 측정 등의 수학적 개념 습득 • 관찰, 예측, 실험, 입증, 설명 등의 과학적 과정을 경험하고 힘, 성질, 균형, 중력 등의 물리적 지식 습득
사회적 지식	• 쌓기 영역과 역할 영역이 통합된 환경에서 극놀이를 하면서 사회적 지식 습득 예 주차장 만들기: 서비스 이용을 위한 방법과 표지판의 의미, 주차, 요금, 요금소, 정지, 유턴 등의 개념을 습득

영유아가 쌓기놀이를 하는 동안 협동, 협력, 사회적 기술, 우정, 정서적 만족감, 자아존중감, 자율성과 주도성, 자기조절 능력이 발달하면서 사회 · 정서가 발달하게 됩니다.

사회 · 정서 발달

협동, 협력, 사회적 기술	• 쌓기놀이를 하면서 계획하고, 아이디어와 놀잇감을 나누는 과정에서 자신의 주장과 타인의 요구에 대한 균형을 맞추는 능력 발달 • 또래와 함께 규칙을 만들고 협동하며 갈등을 해결하는 과정에서 사회적 기술을 습득함
우정	• 놀이의 과정에서 우정을 경험하며 긍정적인 자아정체감과 소속감 발달
정서적 만족감	• 구성물을 자유롭게 만들어 생각을 표현하고 만족감을 얻으며 정서적으로 안정됨
자아존중감	• 쌓기놀이의 방법에 옳고 그름이 없기 때문에 영유아는 놀이의 과정 및 결과에서 스스로 가치 있다고 평가함으로써 자아존중감 상승
자율성과 주도성	• 쌓기놀이를 하는 과정에서 교사가 영유아의 생각에 동의하고 지원해주며 영유아가 스스로 주도하는 경험을 통해 자율성과 주도성 증가
자기조절 능력	• 갈등이 발생하는 상황을 경험하고 문제해결을 위해 협상하는 능력 증가 • 사회가 수용하는 방식으로 자신의 감정과 표현방법을 조절하는 능력 증가

교사를 위한 생각거리

유아교육에서 놀이는 전인적 발달을 지원한다고 흔히 말합니다.
쌓기놀이도 영유아의 전인적 발달을 지원한다고 생각하십니까?

- 교사로서 쌓기놀이가 영유아의 전인적 발달을 지원한다고 진심으로 믿고 있는지 자신의 신념을 점검해 봅시다.
- 특히 어떤 영역의 발달을 촉진한다고 생각하십니까?
- 영유아가 쌓기놀이를 하게 하는 것으로 전인적 발달이 촉진된다고 생각하십니까? 아니면 교사의 적절한 지원이 있어야 전인적 발달이 촉진된다고 생각하십니까?
- 쌓기놀이를 하는 영유아에게 무엇을 만들고 있는지를 질문하는 것 이외에 어떤 역할을 주로 했다고 생각하십니까? 그 역할이 영유아의 전인적 발달에 기여했다고 느끼십니까?

2 쌓기 수준 발달의 눈으로 본 쌓기놀이

어린이가 쌓기 놀잇감과 소품을 사용해서 쌓거나 끼워 만든 구조물을 살펴본 적이 있는지요? 자세히 살펴보면 쌓기 수준의 발달이 반영된 것을 알 수 있습니다. 영유아의 연령이나 쌓기놀이 경험에 따라 낮은 수준에서 점차 높은 수준으로 발달해 갑니다.

쌓기 수준의 발달을 이해하면 이런 발달이 지속적으로 일어나도록 하기 위해 교사가 어떻게 어린이를 도와주어야 하는지 알 수 있습니다. 묘사하는 말로, 질문으로, 시범으로, 옆에서 놀면서, 소품이나 자료를 추가해 주어 도와줄 수 있다면 교사도 신이 나지 않을까요?

우리가 흔히 알고 있는 것은 Johnson(1933)이 제안한 7단계의 쌓기 수준 발달입니다. 친숙한 단계를 통해 알고 있는 것을 확인해 봅시다. 어린 연령의 어린이는 낮은 단계의 쌓기만 하고 높은 연령의 어린이는 높은 단계의 쌓기만 하는 것은 아닙니다. 어린 연령의 어린이는 높은 수준의 쌓기를 할 수 없지만, 높은 연령의 어린이는 낮은 수준의 쌓기를 할 수도 있습니다.

1단계 나르기

블록을 이리저리 옮기는 단계	
특징	• 블록을 이리저리 옮깁니다. • 블록을 탐색하는 시기로 불규칙적이고 불안정한 형태의 쌓기를 합니다. • 특정한 쌓기 놀잇감을 여러 번 조작하면서 친숙해질 기회를 가질 수 있으므로 이런 초기 경험은 가치가 매우 높습니다.
연령별 쌓기놀이	(아래 사진 및 설명 참조)

〈만 1세〉 종이벽돌 블록을 머리 위에 올리고 걸어가고 있음

〈만 1세〉 사각 블록을 탐색하고 있음

• 높은 연령의 어린이들도 구조물을 짓기 위해 블록을 옮겨 와야 하고, 새로운 쌓기 놀잇감이 생기면 특성을 살펴봅니다.

필요한 블록을 옮기는 유아

2단계 쌓기

블록을 쌓고 길을 만드는 단계

특징

- 블록을 수직으로 쌓아 탑을 만들거나 수평으로 늘어놓아 줄을 만들어 놀이하는 시기입니다.
- 블록의 특성(예 끼울 수 있음, 연결할 수 있음, 쌓을 수 있음, 무너지거나 부서짐)을 이해하고 쌓기에 필요한 기술을 익히게 됩니다.

연령별 쌓기놀이

〈만 1세〉 큰 레고 블록을 쌓아 올리고 있음

〈만 2세〉 남아와 여아가 종이벽돌 블록을 수직으로 높이 쌓고 있음

〈만 3세〉 다양한 나무 모양(밑 기둥, 짧은 기둥, 나뭇가지) 블록을 이용해 균형을 잡으면서 쌓아가고 있음

〈만 5세〉 짧은 나무 블록을 쌓아올려 각기 다른 높이의 탑을 만듦

연령별
쌓기놀이

- 높은 연령의 어린이들도 구조물을 짓기 위해 수직 탑 쌓기와 수직 연결하기를 합니다.

〈만 4세〉 수직 탑 쌓기

〈만 5세〉 수직 탑 쌓기와 연결하기

3단계 다리 만들기

<table>
<tr><th colspan="2">블록을 연결하여 다리를 만드는 단계</th></tr>
<tr><td>특징</td><td>• 수직으로 세운 두 개의 블록 사이에 블록을 올려놓아 다리 형태가 되게 합니다.
• 균형, 블록의 길이에 대해 이해하고 공간을 인식하기 때문에 다리를 만들 수 있습니다.
• 다리를 만들기 위해서는 블록의 길이, 균형, 공간을 고려해야 하기 때문에 문제를 해결하는 과정이기도 합니다.</td></tr>
<tr><td>연령별 쌓기놀이</td><td>
〈만 3세〉 세 개의 다리를 만듦</td></tr>
</table>

〈만 4세〉 나무 블록을 이용하여 연결된 다리를 만듦

〈만 4세〉 나무 블록을 이용하여 연결된 다리를 만듦

〈만 5세〉 나무 블록을 이용해 다리를 만듦

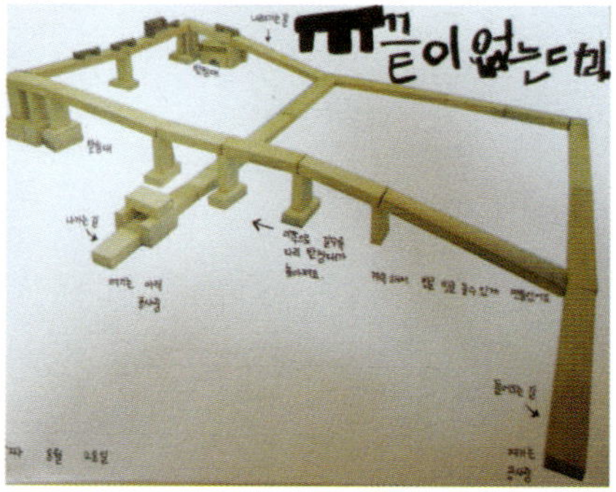

〈만 5세〉 연결된 경사 있는 다리를 만듦

4단계 울타리 쌓기

블록을 연결하여 폐쇄 공간을 만드는 단계	
특징	• 블록을 이용해 폐쇄 공간을 만듭니다. • 폐쇄된 공간을 만들면서 내부와 외부, 넓이, 기하학적 모양 인식, 면적, 도형 등의 수학적 개념이 발달됩니다. • 자신이 만든 구성물을 활용하여 극화놀이를 하기도 합니다.
연령별 쌓기놀이	 〈만 2세〉 울타리를 연결하여 우리 집을 만듦  〈만 3세〉 폐쇄 공간을 연결하여 동물원을 만듦

연령별
쌓기놀이

〈만 4세〉 두 가지의 블록을 쌓아서 내부 공간을 인형집으로 만듦

〈만 4세〉 나무 블록을 여러 층으로 쌓아서 연못을 만듦

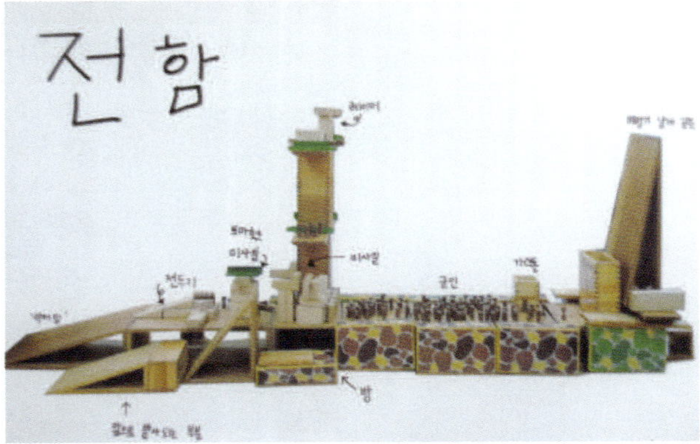

〈만 5세〉 두 가지 이상의 블록을 사용하여 내부 공간이 있는 전함을 만듦

5단계 패턴과 대칭

<table>
<tr><th colspan="2">패턴과 대칭이 나타나는 단계</th></tr>
<tr><td>특징</td><td>• 여러 블록을 사용하여 대칭이나 균형을 이루는 정교한 디자인의 구성물을 쌓기 시작합니다.
• 블록을 연결시켜 대칭, 균형을 이루는 장식적인 패턴을 구성합니다.
• 구성물을 통해 균형, 유사성과 차이성을 알게 되며 근육 조절 능력이 더욱 발달하게 됩니다.</td></tr>
<tr><td>연령별 쌓기놀이</td><td>
〈만 2세〉 와플 블록을 대칭시켜 자동차를 만듦

〈만 3세〉 구성물 위에 균형을 잡아 블록을 쌓아 올려 터널이 있는 길을 만듦</td></tr>
</table>

연령별
쌓기놀이

〈만 4세〉 대칭 형태의 블록을 쌓아 올려 동굴을 만듦

〈만 5세〉 두 가지 이상의 블록으로 대칭과 균형을 이루어 가로수길을 만듦

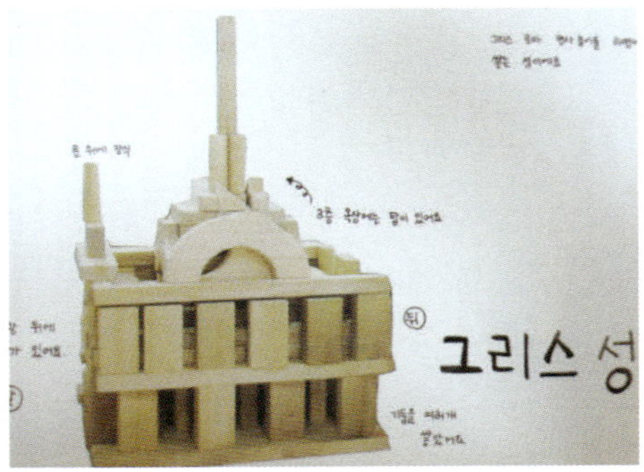

〈만 5세〉 대칭과 균형을 이용하여 그리스 성을 만듦

6단계 초기 구상 표현

구성물에 이름을 붙이는 단계	
특징	• 1~5단계 쌓기 기술을 결합하고 구성물에 이름을 붙이기 시작합니다. • 자신이 만든 구성물에 이름을 붙여 극놀이에 사용합니다. • 구성물의 형태와 기능이 영유아가 붙인 명칭과 밀접한 연관은 없기도 합니다.
연령별 쌓기놀이	 〈만 2세〉 헬리콥터

연령별
쌓기놀이

〈만 3세〉 수수떡가게

〈만 4세〉 놀이기구가 있는 공원

〈만 5세〉 불꽃놀이장

7단계 후기 구상 표현

정교한 구성물을 만드는 단계	
특징	• 알고 있는 것을 표상하기 위해 블록을 사용합니다. 즉, 쌓기 시작 전에 무엇을 만들지 생각하기 때문에 구성물의 이름을 말하고 쌓기 구성물과 소품을 활용하여 극놀이를 합니다. • 실제와 좀 더 비슷한 구성물을 표상화할 수 있게 됩니다. • 구성물은 점차 극화놀이의 아이디어를 완성시키는 필수적인 부분으로 활용됩니다.
연령별 쌓기놀이	 〈만 3세〉 동화 주인공이 사는 성

연령별
쌓기놀이

〈만 4세〉 5층집

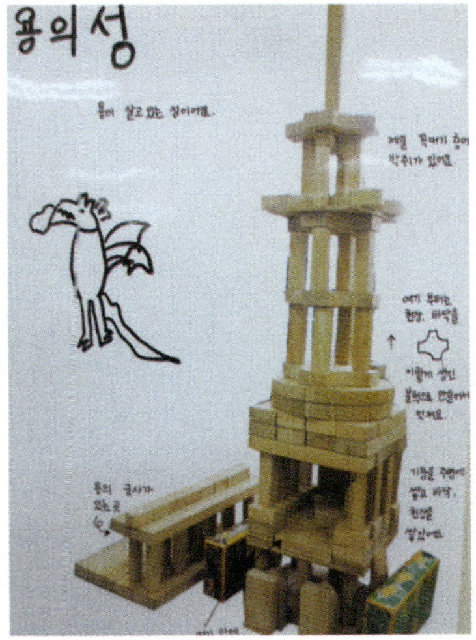

〈만 5세〉 용의 성

〈만 5세〉 놀이동산

지금까지 살펴본 바와 같이 영유아의 블록 쌓기는 단계를 거쳐 발달합니다. 블록 쌓기의 발달 단계는 연령에 따라 다른 발달 단계가 나타날 수도 있고, 동일한 발달 단계가 다양한 연령에서 나타날 수도 있습니다. 또 같은 발달 단계에서도 수준 차이가 나타날 수 있습니다.

영유아가 발달함에 따라 쌓기의 단계가 높아지지만 교사가 약간의 도움을 주면 다음 단계로의 진행이 촉진됩니다. 비고스키가 주장한 근접발달지대 내에서의 비계설정의 개념이 친숙하지요? 한 단계에서 다음 단계로 이동하려는 영유아에게 교사가 약간의 도움을 제공하면 쌓기의 다음 단계로 이끌어 줄 수 있습니다. 다음의 3단계를 살펴보세요.

	교사의 핵심 역할	교사가 사용할 수 있는 지도 전략
1단계	현재의 발달 쌓기 수준과 놀이 상태를 파악합니다.	• **관찰:** 개별 영유아의 쌓기놀이 수준과 학급 전체 영유아의 쌓기놀이 수준을 파악합니다. • **기록:** 쌓기놀이에 담긴 이야기, 영유아가 사용하는 단어나 설명을 기록하거나 완성한 구성물의 사진을 찍어 놓습니다.
2단계	현재 수준보다 더 높은 수준의 쌓기 놀이를 하게 하기 위해 적절한 놀이 지도 방법을 결정하고 시행합니다.	• 지도 방법 결정하기: - 쌓기놀이와 연계할 수 있는 그림책이나 사진 자료 제공하기 - 이야기를 듣고 관련 구성물 만들게 하기 - 놀잇감 교체나 추가 제공 등의 환경 구성하기 - 좀 더 높은 수준의 놀이를 모델링하거나 제안하기
3단계	상황에 따라 놀이지도 후 영유아의 변화여부, 변화내용을 확인합니다.	

쌓기놀이 중 영유아가 어려움에 직면하여 도움을 요청하거나 쌓기놀이 단계의 발달을 높여주고 싶을 때의 지도방법 사례를 살펴봅시다.

사례 1 지붕 또는 다리처럼 구조물 위로 가로지르는 것이 어려운 상황

〈만 2세〉 영아가 빨간 벽돌 블록 위를 노란 벽돌 블록으로 가로지르려고 하나 한쪽만 빨간 벽돌 블록에 걸쳐 놓아 무너짐

교사에게 어려움을 호소하고 있음

1단계	• 두 개의 선(또는 길)과 위를 가로지르는 구조물 만들기를 하고 있음 • 수평으로 연결하여 쌓기와 지붕(또는 다리) 만들기 수준이 관찰됨 • 길과 지붕(또는 다리)를 연결하고 싶은데 방법을 모름
2단계	• 문제를 스스로 해결할 수 있도록 환경구성을 함 - 놀잇감 추가: 더 긴 블록을 제공하여 가로지를 수 있도록 함 - 관련 자료 전시: 지붕 또는 다리가 놓인 건축물 사진 게시 - 영유아의 놀이를 살펴보고 해결되지 않으면 직접 지도할 수 있음 • 질문과 제안을 통해 영유아에게 비계설정을 함 - 영유아에게 거리가 먼 두 개의 블록을 어떻게 연결할 수 있는지 질문함 "이쪽 길과 저쪽 길이 머네?" "이 블록보다 이 길과 저 길 사이가 더 넓네?" "두 개의 먼 길 위로 이 블록을 올리려면 어떻게 해야 할까?" - 영유아의 반응에 따라 해결 방안에 대한 아이디어를 제안함 "그래, 길을 좁게 만들 수 있지." "그래 더 긴 블록으로 연결해 볼 수도 있지." • 직접 알려주지 않고 옆에서 모델이 되어 줄 수 있음 - 교사가 옆에서 길을 좁게 만들거나 더 긴 블록을 사용하여 두 개의 길을 연결하는 모습을 보여 줄 수 있음
3단계	• 두 개의 길을 어떤 방법으로 연결하였는지를 살펴봄

사례 2 사물의 특성이 반영된 구성물로 보이지만 명명하거나 다른 놀이로 발전되지 않은 상황

유아가 말하지는 않았으나
도로와 주차장으로 보이는 구성물

1단계	• 자동차 도로와 주차장처럼 보이는 구성물을 만듦 • 좌우 대칭을 맞추어 구성하고 터널도 만들었지만 자동차 도로나 주차장이라고는 말하지 않음 • 패턴과 대칭, 블록을 연결하여 장식물을 만드는 쌓기놀이 수준이 나타남
2단계	• 영유아의 상태를 파악하기 위한 질문을 함 "아직 만들고 있는 중이니? 무엇을 만들었니?" "다 만들면 무슨 놀이를 하고 싶었니? 무엇을 하려고 이것을 만들었니?" • 영유아가 의도 없이 구성만 했다면 표상할 수 있도록 도와줌 - 교사의 의견을 제시하여 구성물의 명명하기를 도와줌 "블록을 나란히 연결하여 길을 만들었구나. 자동차 길처럼 보이는데." "이 끝에는 무슨 건물이 세워져 있구나. 자동차가 주차할 수 있는 곳이니?" • 현재 단순 구성놀이를 극화놀이로 연계할 수 있도록 도와줌 - 주차장을 연장해 보도록 더 많은 개수의 놀잇감을 추가해 줌 (예 직선, 곡선 유니트 블록) - 관련 소품을 추가로 제공해 줌 (예 사람 모형) - 관련 그림이나 사진 자료를 게시함 (예 주차장 사진) • 지도를 통해 이 영유아는 표상단계로 쌓기놀이의 수준이 향상될 수 있음
3단계	• 주차장을 확장하고 길과 연결하였는지를 살펴봄 • 길과 주차장을 주제로 한 극놀이로 발전하였는지를 살펴봄

교사를 위한 생각거리

쌓기놀이의 교육적 가치를 나만의 경험에 비추어 생각해 봅시다.

- 위에 제시된 사례에서 교사가 놀이지도를 어떤 다른 방식으로 할 수 있는지 생각해 봅시다.
- '지금 현재' 우리 반 영유아의 쌓기놀이를 관찰하고 기록하여 발달 단계를 파악해 봅시다. 일정 기간을 정해놓고 특정 영유아의 쌓기놀이를 관찰 · 기록하고, 쌓기놀이 상황을 글로 적거나 사진을 첨부하여 기록해 봅시다.
- 관찰 내용을 토대로 영유아의 쌓기놀이 발달을 도모하기 위해 교사가 어떻게 지도할 수 있을지 계획해 봅시다.

Ⅲ

쌓기놀이를 통해 학습하는 영유아

쌓기놀이를 통해 영유아는 발달적 진보를 이룰 수 있을 뿐만 아니라 교과 내용 지식도 배울 수 있습니다. '교과 내용 지식'이란 말을 유아교육에서는 해서는 안되는 것으로 느끼실 수도 있습니다.

그러나 블록을 몇 개 쌓았는지 세보는 것, 완성된 구성물로 동물원 놀이를 하면서 어떤 동물이 어떤 집에 사는지 이야기 하는 것, 무너지지 않게 높이 쌓으려면 무엇을 고려해야 하는지 생각해 보는 것 모두 교과 내용 지식에 해당됩니다. 영유아가 쌓기놀이를 하면서 자연스럽게 교과 내용 지식을 학습할 수 있도록 도와주는 것이 교사의 역할입니다.

1 교과 내용 지식을 배울 수 있는 쌓기놀이

영유아는 쌓기 놀잇감을 탐색하고 자신의 생각을 다양한 구성물로 표현하며 또래와 함께 쌓기놀이를 합니다. 동시에 자신이 가진 지식과 기술을 쌓기놀이를 통해 내면화해 나갑니다. 영유아는 흥미를 기반으로 새롭게 정보를 습득하거나 이전 경험과 지식을 확장하고 학업에 필요한 기술을 사용하기도 합니다.

블록 쌓기 단계에 내재된 교과 내용을 살펴봅시다.

1단계 나르기

영유아의 행동	• 블록을 이리저리 옮김 • 다양한 종류의 블록을 조작하고 탐색을 함 • 블록으로 구성물을 만들지는 않음 • 모양, 크기, 무게, 밀도, 표면의 감촉과 같은 속성을 확인함
학습 가능한 교과 내용 지식의 예	• **신체-운동기능 발달:** 대근육을 활용하여 물건을 안전하게 옮기는 경험을 할 수 있음 • **인지-과학:** 물체의 속성(블록에 따른 크기, 모양, 무게, 강도, 표면의 질감)에 대한 이해 능력을 향상시킬 수 있음 • **인지-수학:** 속성(동일한, 다른), 모양(네모난, 세모난, 원통형의), 측정(더 큰/ 더 작은, 더 무거운/ 더 가벼운)과 관련된 어휘를 학습하고 연습할 수 있음

2단계 쌓기

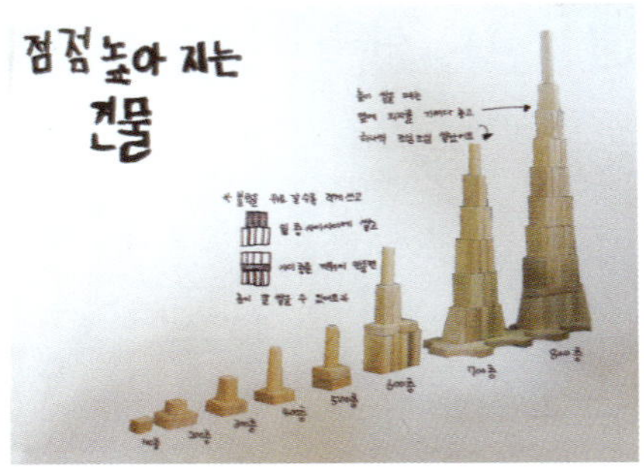

영유아의 행동	• 평면에서 가로 또는 세로로 블록의 열을 만들어 봄
학습 가능한 교과 내용 지식의 예	• **신체-운동기능 발달:** 배치하기, 균형 잡기, 허물기 과정에서 신체의 균형과 안정감을 경험할 수 있음 • **인지-과학:** 구성물의 균형과 안정에 영향을 주는 것이 블록 면의 크기, 표면의 모양, 블록의 배치임을 경험할 수 있음. 과학적 어휘(유지, 수평, 수직, 중력)를 학습할 수 있음 • **인지-수학:** 반복적인 실험을 통해 일반화와 예측의 정확성을 향상시킬 수 있음. 수학적 어휘(길이, 무게, 모서리, 가장자리, 표면)를 학습할 수 있음

3단계 다리 만들기

영유아의 행동	• 두 개의 블록을 세우고 그 위에 블록을 놓아 다리를 만듦 • 여러 개의 다리를 직선, 원 모양으로 이어 만들기를 함
학습 가능한 교과 내용 지식의 예	• **인지-수학**: 구성물의 길이, 넓이, 높이에 대해 인지할 수 있음. 블록으로 공간을 둘러싸거나 연결할 때 길이를 맞추어야 함을 학습할 수 있음. 측정을 통해 열리고 닫힌 공간을 구성할 수 있음 • **사회-사회 · 심리**: 또래와 함께 구성하는 과정에서 감정을 조절하는 경험을 함

4단계 울타리 쌓기

영유아의 행동	• 블록을 연결하여 폐쇄 공간을 만듦 • 구성물을 만든 후 가작화하여 극놀이도 함
학습 가능한 교과 내용 지식의 예	• **인지-수학**: 정교한 측정을 통해 열리고 닫힌 공간 구성할 수 있음을 학습할 수 있음. 내부 공간의 개수와 크기가 각기 다르고, 길이, 넓이, 높이도 다양함을 학습할 수 있음 • **사회-사회 · 심리**: 구성물에 의미를 부여하면 특별한 속성을 가지게 됨을 이해할 수 있음

5단계 패턴과 대칭

영유아의 행동	• 여러 가지 블록을 사용하여 대칭이나 균형을 이루는 정교한 디자인의 구조물을 쌓음
학습 가능한 교과 내용 지식의 예	• **인지-수학:** 대칭과 패턴을 활용하여 디자인을 창조할 능력이 향상됨. 블록의 모양, 크기, 위치와 적절한 배열이 구성물의 안정과 균형에 영향을 준다는 것을 학습할 수 있음

6단계 초기 구상 표현

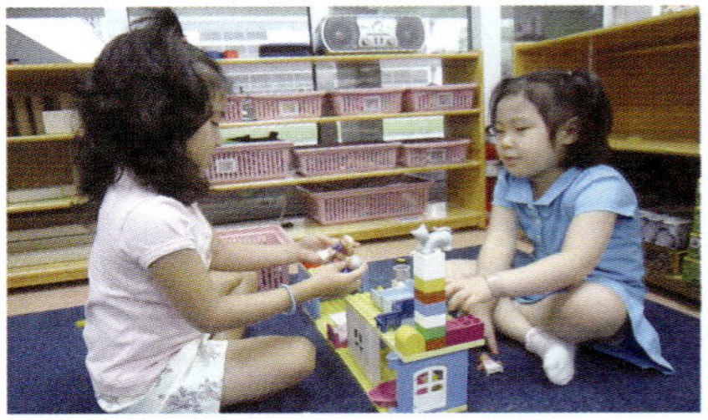

영유아의 행동	• 구성물에 이름을 붙이고 극놀이에 활용함 • 자동차, 사람, 동물 소품 등을 사용하며 주변 환경과 유사한 속성을 재현함 • 직접 해본 경험이나 대중매체에서 본 경험이 반영되기도 함
학습 가능한 교과 내용 지식의 예	• **사회 – 지리:** 지역 사회 내에서 땅의 사용을 개념화함. 구성물은 기능면에서 다르며 특별한 속성을 가짐(예 차도, 동물원)을 학습할 수 있음 • **사회 – 사회 · 심리:** 또래와의 놀이에서 관찰한 것, 새롭게 생각한 것(아이디어), 이해한 것에 대해 의사소통하는 능력이 향상됨 • **인지 – 과학:** 구성물의 명확한 이미지를 만들기 위해서는 실물과 비슷한 형태의 블록과 소품을 활용해야 함을 이해함

7단계 후기 구상 표현

영유아의 행동	• 극놀이를 하기 위해 계획한 후 구성물을 만듦 • 구조물 자체를 만드는 것보다 극놀이에 더 많은 관심을 보임
학습 가능한 교과 내용 지식의 예	• **사회-사회 · 심리:** 극놀이 수준의 발달에 따라 역할 배정 및 수행능력이 향상됨 • **사회-역사:** 구조물을 만들거나 극놀이하는 과정에서 소품을 활용하여 과거에 일어난 사건을 재연함 • **사회-심리:** 다른 사람과의 상호작용을 통해 유아가 스스로의 생각, 인식, 감정을 명확히 하는 경험을 함 • **언어와 문해-말하기:** 표현 및 수용언어의 사용이 증가하고 느낀 것을 공유하며 생각을 명확히 말하는 능력이 향상됨. 구조물로 극놀이를 하면서 이야기를 확장시키는 능력이 향상됨 • **언어와 문해-읽기:** 구조물을 만드는 데 필요한 정보를 다양한 방법(예 책, 인터넷)으로 찾는 능력이 향상됨. 다른 사람과 의사소통하기 위해서는 공통된 언어와 적절한 어휘가 필요함을 이해함

이처럼 쌓기놀이는 물체의 속성, 균형과 안정성, 건축학의 특징, 환경에 있는 구성물에 대한 이해, 극놀이의 역할 맡기 등의 과학, 사회, 수학, 문해와 관련된 **교과 내용을 학습할 수 있는 훌륭한 학습도구**입니다.

영유아가 쌓기놀이를 하면서 가치있는 교과 내용 지식을 효과적으로 학습하도록 하기 위해 교사는 우선적으로 관찰한 내용을 바탕으로 교과 내용을 확인하고 선정해야 합니다. 교사는 영유아와 대화를 시작하고 다음과 같은 상호작용을 통해 영유아의 학습 내용을 강화시킬 수 있습니다.

상호작용 전략 1 정보, 어휘 또는 활동 제공해주기

활동을 시작하며 대화를 통해 사실을 수집하고 조직하도록 지원함

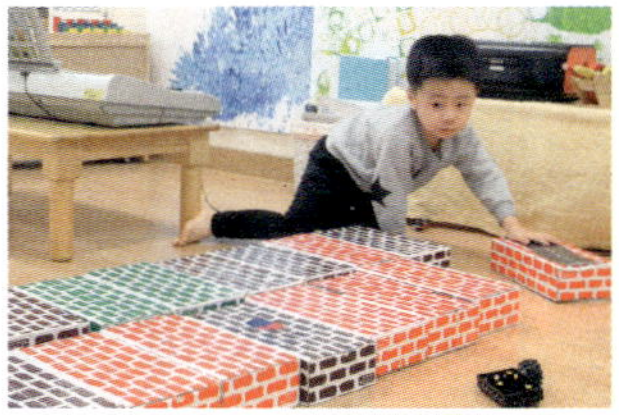

- 관찰 내용: 수평으로 쌓기
- 교육적 의도: 길이 측정
- 상호작용:
  - 블록을 이 카펫만큼 길게 늘어 놓았구나!
  - 블록을 몇 개 붙였니?

- 관찰 내용: 빌딩 만들기
- 교육적 의도: 길이 측정
- 상호작용:
  - 1층과 2층 사이의 공간을 채우기 위해 모두 똑같은 길이의 블록을 사용했구나!
  - 빌딩 밖을 둘러싸고 있는 블록은 길이가 전부 같구나!

상호작용 전략 2 환경구성 해주기

소품, 사진, 책 등 교구를 적시에 추가하여 참여를 유도함

- 관찰 내용: 도로, 다리, 경사길 만들기
- 교육적 의도: 속도, 거리, 방향 등에 영향을 미치는 원동력과 경사의 기울기
- 소품 제공: 크기, 모양, 색깔, 무게가 다른 바퀴 달린 자동차

- 관찰 내용: 서식지 및 동물 우리 만들기
- 교육적 의도: 동물의 독특한 속성, 동물의 서식지
- 소품 제공: 동물 모형(애완 동물, 가축, 동물원에 있는 동물), 동물의 특성에 따른 서식지에 관한 책, 사진

상호작용 전략 3 발전된 또는 관련 개념으로 확장, 연계해주기

현재 진행되는 쌓기와 관련된 새로운 개념을 시도해 보도록 성인이 제안, 안내함

- 관찰 내용: 주차장 만들기
- 교육적 의도: 서비스 이용을 위한 방법과 표지판의 의미
- 상호작용: '요금소' 의 개념을 알아보고 요금소 설치를 제안함. 주차장 이용에 대한 표지판 설치 격려

쌓기 영역에서 만 5세 유아가 꽃가게 놀이를 하고 있습니다. 만약 교사가 꽃가게를 소재로 지역 사회 내 여러 건축 구조의 형태의 내용을 강화하고자 한다면 어떤 상호작용을 할 수 있을지 3가지로 나누어 생각해 봅시다.

사례 꽃가게 놀이

상호작용	
정보, 어휘 또는 활동 제공해주기	• **대화:** 신랑이 꽃다발을 들고 있네. 신랑에게 꽃다발을 만들어 준 사람은 꽃가게에서 일하는 플로리스트구나. 꽃가게는 결혼식장의 길 건너 상가 1층에 있구나! • **어휘:** 꽃가게, 플로리스트, 꽃다발, 장미꽃, 안개꽃, 국화꽃, 화분, 포장지
환경구성 해주기	• **소품:** 사람 모형, 꽃을 들고 있는 사람(신부, 어린이, 가족 등), 꽃다발 모형, 꽃이 가득한 가게 사진
발전된 또는 관련 개념으로 확장, 연계해주기	• **확장:** 꽃가게에 있는 꽃들은 어디에서 길러질까? (농원) 농원에서 길러진 꽃은 꽃가게까지 어떻게 옮겨질까? (자동차, 트럭, 배 등)

교사를 위한 생각거리

쌓기놀이를 통해서도 영유아가 교과 내용을 학습할 수 있음을 배웠습니다. 편한 마음으로 본 장의 내용을 읽을 수 있었습니까?

- 쌓기놀이를 통한 교과 내용 지식의 학습에 대한 나의 태도를 돌아봅시다.
- 위의 내용을 학습한 후에도 교과 내용 지식이란 단어를 유아교육에서 사용하는 것이 불편한지 생각해 봅시다.
- 여전히 불편하다면 『발현적 유아교육과정과 표준의 연계』(Schwartz, S. L., & Copeland, S. M., 박은혜 · 신은수 · 김희진 · 이지현 공역, 2013), 『유아교육기관에서의 영유아 평가: 발달과 교육적 지원을 위한 첫걸음』(김희진, 2014)을 읽어보면 도움이 될 것입니다.
- 영유아의 쌓기놀이를 지도한 과거 경험을 떠올려 봅시다. 과거 경험에서 가르칠만한 교과 내용 지식이 있었는지 생각해 봅시다.
- 있었다면 어떤 전략을 사용할 수 있었을지 생각해 봅시다.

2 나(영유아)의 흥미를 발판삼아 배울 수 있는 쌓기놀이

영유아의 흥미가 발현되는 순간은 교사가 무엇인가를 가르칠 수 있는 **최적의 순간**이기도 합니다. 교사가 계획한 활동 또는 진행하고 있는 생활주제와 관련이 없어도 영유아의 관심과 흥미가 포착되었을 때 **놀이를 활용하여 적극적으로 가르칠 수** 있습니다. 영유아의 **발현적 흥미**를 따라간다는 것은 **영유아의 흥미와 관심을 존중하고 지원**하면서 가르친다는 것입니다.

하지만 영유아의 흥미가 곧 교육할 내용은 아니므로 교사는 **흥미를 활용하여 무엇을 가르칠 수 있는가를 확인**하여야 합니다. 쌓기놀이 영역에서 이루어지는 활동에 대한 관심이 많아졌다고 해서 이를 곧바로 주제로 다루거나, 집단 활동으로 계획하는 것은 영유아의 관심과 흥미를 성급하게 활용하는 것일 수 있습니다.

단순히 흥미만 따라가는 것을 넘어 **교사가 가르쳐야 한다고 생각하는 교육 내용을 영유아가 흥미를 보이는 활동들을 활용해서 가르치는 것**이 바람직합니다. 따라서 교사는 교육 계획을 수립하는 단계에서 일반적인 교육목표를 세우고 영유아의 흥미 전개에 따라 세부목표를 수립하며 지속적으로 영유아의 흥미와 관심이 어떠한 방향으로 전개되는지 관찰하고 그것을 적용해야 합니다.

교사는 영유아의 흥미, 가르칠 수 있는 개념, 영유아의 수준을 파악한 뒤 다양한 지원 방법을 모색합니다.

1단계	영유아의 흥미 파악하기

- 영유아의 현재 흥미나 관심사가 무엇인지 파악합니다.
- 영유아가 자발적으로 시작한 활동, 교사가 제시한 활동을 하는 모습을 관찰하거나 영유아끼리 나누는 대화를 경청하거나 교사가 직접 영유아와 대화를 나눠보면 쉽게 파악할 수 있습니다.
- 흥미가 있는지는 영유아의 표정, 어조 등의 정서를 통해서도 파악이 가능하며 꾸준한 관찰이나 영유아가 반복해서 하는 이야기를 통해서도 알 수 있습니다.

2단계	가르칠 수 있는 개념 파악하기

- 영유아의 흥미를 통해 어떤 개념을 가르칠 수 있는지 결정합니다.
- 영유아가 쌓기놀이를 하는 동안 경험할 수 있는 잠재된 발달 영역이나 누리과정 영역의 내용에 대해 살펴보면 쉽게 결정할 수 있습니다.
- 가르칠 수 있는 개념이 여러 개라면 무엇을 먼저 가르칠지, 무엇이 제일 가치가 있는지 등에 대한 우선 순위를 결정합니다.

3단계	영유아의 수준 파악하기

- 가르치려고 하는 개념에 대한 영유아의 현재 수준을 파악하는 것이 중요합니다.
- 영유아가 참여하는 활동을 관찰하거나 대화를 통해 파악할 수 있습니다.
- 영유아의 수준을 파악할 때는 표준(교육과정)을 참고하는 것이 바람직합니다.

4단계	다양한 지원 방법 모색하기

- 다양한 지원이란 영유아가 새로운 개념, 더 높은 수준의 개념을 획득할 수 있도록 여러 가지 방법을 제공하는 것을 의미합니다.
- 영유아의 대화에 구체적으로 맞춰지는 활동을 중심으로 풍부한 환경을 구성하거나 경험의 기회를 제공할 수 있습니다.
- 이미 하고 있는 것을 반복하거나 일상적인 경험을 제공하는 것은 같은 개념이나 동일한 수준의 개념을 단순히 여러 방법으로 경험하게 하는 것이므로 다양한 지원이 아닙니다.

교사가 놀이상황을 관찰하며 4단계를 의식적으로 연습한다면 자연스럽고 효과적으로 가르칠만한 순간이 눈에 보일 것입니다. 가르칠만한 순간을 정확하게 포착하였는지, 영유아의 흥미와 가르칠 수준을 파악한 것이 정확한지 평가해 보는 것도 필요합니다. 적절한 지원을 제공한다면 영유아가 반응하고 영유아의 말과 행동은 변할 것이며, 자신의 생각, 경험, 계획을 교사와 공유하고 싶어 할 것입니다. 이 경험이 반복되면 교사는 가르치고자 하는 내용을 언제, 어떻게 다루어야 할지 알 수 있습니다.

만 4세 유아 7명이 쌓기놀이를 하며 대화하고 있습니다. 4단계의 방법으로 가르칠만한 개념과 방법을 생각해 봅시다.

예시

유아 1: 우리 이거 꽃게잡이 배라고 하자.
꽃게잡이 배라고 하고 싶어.
그리고 너희들이 내 배를 따라와.
유아 2: 그래. 우리 꽃게 잡아먹자.

유아 3: 그럼 나는 해양경찰을 할게. 무슨 일이 생기면 신고해.
유아 4: 여기 밑에다 만들면 되겠다.
유아 5: 그럼 배에서 연기 나는 곳은 어디야?
유아 2: 여기. 그럼 나도 땅에 경찰청을 만들게.
유아 1: 다 만들었다. 그럼 이제 배 하나가 출발한다.
유아 3: 가자.

유아 2: 그래. 근데 배가 한 대 밖에 없어.
저기 한 대가 더 오게 만들자.

유아 3: 그럼 나는 가고 있을게.
유아 2: (처음의 배보다 작은 배의 뒤를 이어 움직이며)
이 배가 더 작아.
(유아 3의 배를 가리키며) 이건 2층이라서 높은데
이건 1층이야.
유아 5: 조금 밖에 안 작은데?
유아 2: 아니야. 여기 이 네모 블록만큼 높잖아.

유아 6: (손을 마이크처럼 입에 갖다 대며) 조심하십시오. 바위가 있습니다. 바위가 있습니다.
유아 4: 바위가 있대. 조심해.

유아 1: 꽃게 이제 많이 잡았으니까 가져가서 먹자.
유아 2: 꽃게 너무 많이 잡아서 우리가 다 못 먹겠다.
유아 3: 우리 문채원(유아 7)한테 꽃게를 팔자.
유아 1: 좋아. 꽃게 사세요. 꽃게. 꽃게 한 마리에 천 원.
유아 7: 꽃게 한 마리에 천 원은 너무 싸잖아.
유아 2: 많아서 괜찮아. 천 원이야.

가르칠만한 개념으로 사회과 지식에 포함되는 직업(어부 및 해양 경찰), 꽃게잡이의 특성, 해양경찰의 역할, 안전, 물건과 화폐의 교환, 가격으로 환산되는 물건의 가치 등을 생각할 수 있고, 수 · 과학적 지식으로 크기, 비교, 비표준 단위를 사용한 측정, 수 등을 생각할 수 있습니다. 여러분은 가르칠만한 개념으로 어떤 지식, 태도, 또는 가치를 고려했는지요?

교사를 위한 생각거리

만 3세 유아가 함께 흥미로운 길을 만드는 쌓기놀이 장면을 살펴봅시다.

- 길 만들기에 대한 유아의 관심과 흥미를 기초로 어떤 교과 내용을 가르칠 수 있을지 적어 봅시다.
- 만약 교사가 사회과 지식과 과학적 지식을 가르칠 가능성이 높은 '운송수단의 종류'에 초점을 맞추고 싶다면 어떻게 해야 할지 상호작용 단계에 따라 생각해 봅시다.

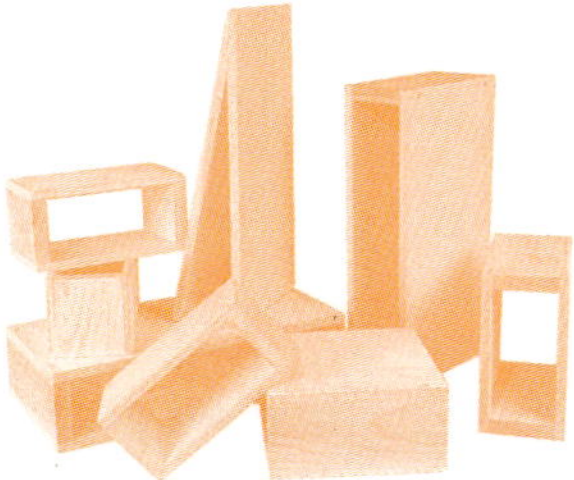

IV

영유아의 쌓기놀이를 지원하는 교사

쌓기놀이가 영유아의 삶에서 차지하는 의미와 영유아의 발달과 학습에 기여하는 바에 대해 생각해 보았습니다. 영유아 삶의 일부분인 쌓기놀이가 영유아의 발달과 학습을 지원할 수 있게 하기 위해 교사는 어떤 역할을 해야 할까요? 사려 깊은 생각 후 잠깐의 시간을 들여 바삐 손을 움직이면 영유아의 쌓기놀이가 풍성해 질 수 있습니다.

1 쌓기놀이를 위한 충분한 공간을 마련하는 교사

쌓기놀이는 다양한 크기의 쌓기 자료로 구조물을 만드는 것이기 때문에 넓은 공간을 필요로 합니다. 쌓기 자료 자체가 큰 것일 수 있고, 영유아가 생각한 것이 충분히 반영되는 구조물을 만들기 위해서는 교구장이나 벽으로 막히지 않은 넓은 공간이 필수적입니다.

과거에는 교실환경을 배치할 때 쌓기놀이 영역을 가장 넓게 배치하였으나 요즘은 흥미영역의 수가 많아지고 활동실에 미디어 매체(TV, 빔프로젝트 등)까지 들어오면서 점차 좁게 배치하고 있습니다.

어느 정도 넓어야 충분히 넓은 것일까요? 활동실 면적의 1/3 정도가 적절하다고 한 학자가 있을 정도이니 여러분이 현재 할애하고 있는 면적의 적어도 2배는 되어야 한다고 생각하세요.

큰 깔개 2개 정도의 넓이인 쌓기 영역

놀이의 특성상 가급적 조용한 활동 영역(예 언어 영역, 수조작 영역)과 떨어져 배치하는 것이 좋으며, 놀잇감이나 활동성 및 소음 발생 정도가 유사한 역할놀이 영역과 인접하여 배치하는 것이 바람직합니다. 아주 기본적인 내용이지만 쌓기 영역을 배치할 때 고려합니다.

쌓기놀이 영역에서 영유아가 쌓기놀이를 해야 한다는 고정관념을 가지고 있는지 생각해 보세요. 영유아가 **쌓기를 원하는 모든 공간에서 자유롭게 쌓기놀이를 할 수 있도록 허용**합니다. 쌓기를 하는 공간이 변하면 영유아가 쌓는 구조물과 구조물을 이용해서 놀이하는 주제가 함께 변합니다.

강당, 유희실

학급 내의 통로

복도

실외 놀이터

교사를 위한 생각거리

학급의 쌓기놀이 영역을 살펴봅시다.

- 우리 학급의 쌓기놀이 영역이 충분히 넓은지 점검해 봅시다. 만약 좁다면 학급의 흥미 영역을 어떻게 재배치하여 쌓기 영역을 위한 공간을 확보할 수 있을지 생각해 봅시다.
- 근무하고 있는 기관의 환경을 점검합니다. 쌓기놀이를 할 수 있는 학급 이외의 공간을 찾고, 쌓기놀이를 하게 하려면 환경을 어떻게 구성해야 하는지 생각해 봅시다.

2 쌓기놀이를 위한 충분한 놀잇감을 마련하는 교사

영유아가 구성해서 표현하려는 아이디어를 구체화하기 위해서는 충분한 쌓기 놀잇감이 필요합니다. 놀잇감이 부족하면 영유아 간 갈등이 빈번히 발생하고 작고 단순한 구조물을 만들게 됩니다. 이런 일이 반복되면 영유아는 쌓기를 통해 아이디어를 표현하는 것 자체에 대한 흥미를 잃게 됩니다.

충분하다는 것은 다양성이나 양적인 측면에서 풍요롭다는 것입니다. 다양함은 다양한 종류의 블록이나 쌓기 놀잇감으로 사용할만한 다양한 자료가 있다는 의미이고, 많다는 것은 각 종류의 블록이나 자료의 수가 충분히 많다는 의미입니다.

어떤 자료를 내주면 다양함의 조건이 충족되는 것일까요? 쌓기 놀잇감에는 상업용으로 제작된 쌓는 블록이나 끼우는 블록만 있는 것이 아닙니다. 1장에서 보았던 일상생활에서의 다양한 쌓기를 생각해 보세요. 나무, 페트병, 휴지 속심, 컵, 의자, 심지어는 책도 쌓기 놀잇감으로 사용될 수 있습니다.

쌓기 놀잇감이 된 책

PVC 원통막대 미끄럼틀

쌓기 자료가 된 볏짚

상자로 만든 우리만의 블록

종이컵으로 쌓은 성

쌓기 자료가 된 나무 상자와 천

어떻게 하면 많음의 조건이 충족되는 것일까요? 아무리 많은 쌓기 놀잇감을 제공한다 해도 부족하기 마련입니다. 영유아들이 소품을 포함한 다양한 자료를 섞어 사용하면서 원하는 구조물을 만들 수 있는 아이디어를 내도록 교사가 도와줄 수 있습니다. 아래의 사진은 영유아의 생각을 구현하는 데에 도움이 되는 것은 무엇이나 함께 사용할 수 있다는 것을 보여줍니다. 여러분이 영유아에게 제한을 가하지 않을 때 볼 수 있는 결과입니다.

쌓기 블록(유니트 블록)과 끼우기 블록을 함께 사용하여 지은 항공모함 위의 비행기

유니트 블록과 미니카와 색공으로 만든 아름다운 자동차 나라

차밍 블록과 상자와 비닐 속심으로 만든 대포

유니트 블록, 차밍 블록, 코코 블록, 재활용 플라스틱으로 만든 동물 우리

유니트 블록, 종이벽돌 블록, 차밍 블록, 천, 종이, 사람과 동물, 차 등의 소품으로 만든 마을

끼우기 블록으로 만든 배와 천과 발을 이용한 바다

교사를 위한 생각거리

학급의 쌓기놀이 영역에 제공된 놀잇감을 살펴봅시다.

- 놀잇감의 종류가 다양한지, 수는 충분한지 점검해 봅시다. 만약 종류나 양의 두 측면 모두 충분하지 않다면 어떤 자료를 추가해 줄 수 있는지 생각해 봅시다.
- 상업용으로 만들어진 쌓기 놀잇감 이외의 다양한 자료를 추가했을 때 놀이가 어떻게 달라지는지 관찰해 봅시다.

3 쌓기놀이에 필요한 아이디어를 다양하게 제공하는 교사

교사로서 영유아를 그대로 두어야지 쌓기놀이를 창의적으로 할 수 있다고 생각할 수도 있습니다. 그러나 영유아가 쌓기에 대한 지식이 전혀 없을 때는 놀이가 발전하지 않습니다. 영유아가 쌓기놀이를 할 때 활용할 수 있는 다양한 지식, 정보, 경험을 제공하는 것이 교사의 역할입니다. 아래의 사진은 교사가 제공할 수 있는 것이 얼마나 다양한지를 보여줍니다. 교사가 열린 생각과 공부하는 자세를 가질 때만 가능합니다.

쌓기 놀잇감의 사용법을 알려주는 자료 제공

만들기의 과정을 기록한 사진 게시

자신이 만든 것을 교사에게 설명하면서 아이디어를 구체화하는 기회 제공

학급 유아 전체와 함께 보면서 의견을 나눌 수 있는 기회 제공

부서지지 않게 길게 연결하는 전략을 말하고 들을 기회 제공

원하는 것은 만들어 쓸 수 있는 자유 제공

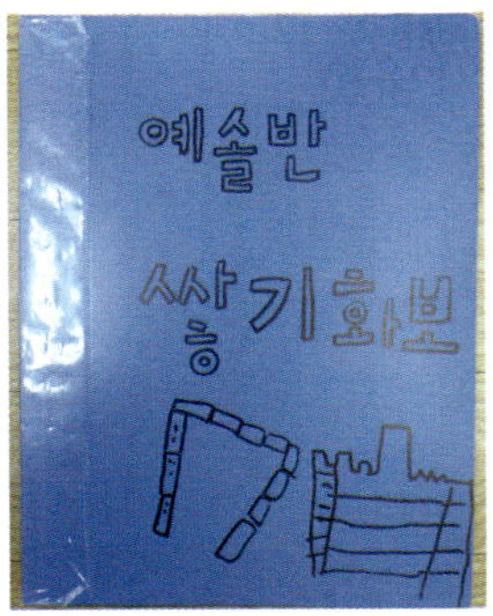

여러 해에 걸쳐 축적한 어린이들의 쌓기 결과물을 모은 사진첩 제공

건축에 대한 지식을 얻을 수 있는 자료나 책 제공

집짓기/보림

글: 강영환/그림: 홍성찬

다양한 건축 양식을 볼 수 있는 자료 제공

아래의 사진은 교사가 흔히 제공하는 자료입니다. 생각을 구체화시켜주는 소품, 아이디어를 얻을 수 있는 책, 지도, 포스터 등이 있다면 도움이 됩니다.

우리 동네 블록

바닥면(교통기관 매트, 종이 판, 화보)

소품(지역 사회, 사람, 동물, 건설 중기, 교통표지판 등)

도서

지도

천

자연물

교사를 위한 생각거리

영유아에게 쌓기놀이를 할 때 기본이 되는 자원을 제공하기 위해 어떤 노력을 했는지 되돌아 봅시다.

- 제공한 것 중 어떤 것이 효과적이었는지 생각해 봅시다. 그 당시 왜 그 자료를 제공했는지와 제공했을 때 어린이들의 놀이가 어떻게 달라졌었는지도 생각해 봅시다.
- 충분한 노력을 하지 않았다면 아이디어의 근원이 될 수 있는 것 중 어떤 것을 제공할 수 있을지 생각해 봅시다. 다양한 아이디어의 근원이 되는 자료를 제공했을 때 영유아의 쌓기놀이가 어떻게 달라지는지 관찰해 봅시다.

4 높은 수준에서 쌓기놀이가 진행되도록 이끌어 주는 교사

영유아의 쌓기놀이 수준 중 가장 높은 수준이 '후기 구상 표현 단계'인 것을 기억하시나요? 후기 구상 표현 단계의 핵심은 미리 무엇을 만들지, 어떻게 만들지 계획하고 만든다는 것과 만든 구조물을 활용해서 극놀이를 한다는 것입니다.

계획이나 의도 없이 만들고 나서 나중에 '무엇'이라고 선언하는 것보다 '무엇'을 만들지 미리 생각하고 만드는 것이 더 높은 수준의 쌓기이고, 만든 후 보는 것이 아니라 만든 구조물에서 가작화 놀이, 즉 '~인체 하는 놀이'를 하는 것이 더 높은 수준의 놀이라는 의미입니다. 교사의 역할은 미리 계획하고 표상이 내포된 놀이를 할 수 있게 도와주는 것입니다.

의도를 가지고 만든 노로 젓는 배

역할놀이: 손님을 부르는 뱃사공

의도를 가지고 만든 거인이 사는 성

역할놀이: 놀이공원

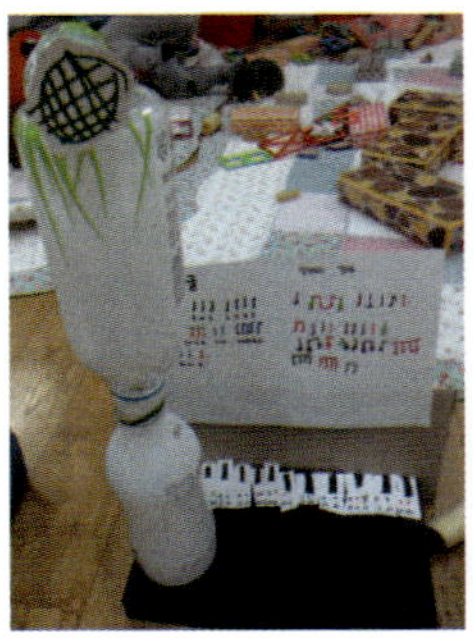

의도를 가지고 만든 악기, 악보, 피아노, 마이크

역할놀이: 음악 연주회

의도를 가지고 만든 훈련장

역할놀이: 동물 조련사

지도하는 영유아의 연령에 따라 다른 방식으로 지원할 수 있습니다. 아주 어린 영아는 의도를 가지고 만들기 어렵습니다. 다 만들고 난 후에 무엇을 만들었는지 물어보거나 영아의 대답(예 빗자루)을 듣고 교사가 그것을 활용하여 할 수 있는 놀이(예 청소)를 제안하거나 교사가 놀이하는 모습(예 교사가 청소하기)를 보여주어도 좋습니다. 조금 더 적극적으로 영아가 만든 것과 관련 있는 책(예 청소에 관한 책)이나 사진을 보여주거나 실제 생활과 연결(예 정리 · 정돈 시간에 만든 빗자루를 사용하는 척 하기)해 줄 수도 있습니다.

의도성과 계획할 능력, 그리고 표상 능력이 발달한 영유아는 스스로 의도를 가지고 구조물을 만듭니다.

교사는 영유아들이 **함께** 무엇을 만들지 **계획**하도록 격려하는 것이 중요합니다. 영유아의 발달 정도를 살펴 **만들고 난 후의 놀이까지 계획**할 수 있다면 더욱 좋겠지요. 만들고 난 후의 놀이까지 계획한다는 것은 **두 가지 계획을 동시**에 하는 것이기 때문에 영유아의 발달과 학습을 촉진할 수 있습니다.

공연장의 '아주 좋은' 관람석

공연장의 '그냥' 관람석

유아가 만든 인형극을 공연할 장소를 만들 때는 '작품'과 작품을 공연할 '공연장' 두 가지 요소를 고려하게 됩니다. 무엇을 할지에 대한 계획이 구체적일수록 무엇을 가지고 어떻게 만들어야 할지도 분명해집니다. 공연장이 만들어진 후 구체적으로 어떤 역할놀이를 할지 미리 계획한다면 놀이의 목적에 맞는 구성물을 만들 수 있습니다.

교사는 구체적인 계획을 할 수 있도록 다양한 자료(예 인터넷 표 예매 시스템, 실제 극장의 다양한 수준의 좌석, 관련 도서나 그림)를 제공할 수 있습니다. 또한 직접 경험할 수 있는 기회를 제공하는 것도 도움이 됩니다. 직접 경험의 대표적인 예인 현장학습은 생활주제와의 연계도 촉진할 수 있습니다. 영유아가 직접 경험한 후 놀이를 하면 쌓기놀이 영역에서의 구성과 이후 연계되는 가작화 활동에 경험한 것이 반영되기 때문에 놀이의 수준이 높아집니다.

쌓기 영역에서 빵가게를 꾸미고 빵을 펼쳐 놓음

빵가게에서 다양한 종류의 빵을 구경하고 진열 방법, 사고 파는 과정을 관찰함

역할 영역과 연계하여 종류별로 진열하고 빵을 사고 파는 놀이가 진행됨

교사가 생활주제와 관련해서 영유아가 참여하기를 희망하는 가작화 주제가 있다면 주제와 관련된 소품을 제공해 주십시오. 영유아의 놀이는 주변에 있는 소품이 '암시' 하는 놀이가 될 가능성이 높기 때문입니다.

동물병원과 관련된 소품 제공

교통기관과 관련된 소품 제공

마지막으로 쌓기놀이 영역과 역할놀이 영역을 인접 배치하거나 통합하면 가작화 요소가 포함된 놀이가 일어날 가능성이 높기 때문에 놀이의 수준이 높아집니다. 두 영역을 연계하면 인지적 놀이유형 중 기능놀이와 구성놀이가 극놀이로 전환되는 경향이 높습니다. 사회적 놀이유형도 단독놀이나 연합놀이에서 협동놀이로 전환되는 경향이 높습니다. 또한 남녀 또래 상호작용이 증가하여 성유형화된 놀이가 감소합니다. 특히 쌓기놀이에서 남아와 여아가 함께 참여하여 놀이하면 고유의 성적 특징을 보완하고 이해하며 놀이방법을 교차해서 배우는 기회가 되므로 매우 중요합니다.

쌓기놀이와 역할놀이를 연계하기 위해서는 두 영역을 인접 배치 후 왕래가 용이하도록 개방할 수 있습니다. 두 영역의 놀잇감을 자유롭게 이동하여 사용할 수 있도록 허용하고, 놀잇감의 위치를 서로의 영역에 바꾸어 놓아두는 것도 방법이 될 수 있습니다. 두 영역에 남녀 유아 모두가 선호하는 놀잇감을 배치하는 것도 도움이 됩니다.

쌓기놀이 영역과 역할놀이 영역의 인접 배치

여아가 선호하는 소품

남녀 유아가 함께 하는 쌓기놀이

교사를 위한 생각거리

영유아의 쌓기놀이 수준을 향상시키기 위해 어떤 노력을 했는지 되돌아 봅시다.

- 영유아를 지도하는 교사라면 어떤 노력을 주로 하는지 생각해 보고, 위에 제시된 전략과 비교해 봅시다.
- 학급의 쌓기놀이와 역할놀이 영역 배치를 살펴보고 연계할 수 있는 방안을 찾아봅시다.
- 다음 주에 계획한 대집단 활동 중 한 가지를 선택하여 쌓기놀이와 연계할 수 있도록 계획해 봅시다. 동일한 생활주제에서 자유선택활동 중 한 가지를 선택하여 쌓기놀이와 연계할 수 있도록 계획해 봅시다.
- 쌓기놀이 영역에서 영유아가 기능놀이 또는 구성놀이만 하고 있을 때 극놀이로 전환되도록 지원하고, 그 과정을 기록해 봅시다.
- 쌓기놀이 영역에서 영유아가 병행놀이 또는 연합놀이를 하고 있을 때 연합놀이 또는 협동놀이로 전환되도록 지원하고, 그 과정을 기록해 봅시다.

참고문헌

김희진(2014). 유아교육기관에서의 영유아 평가: 발달과 교육적 지원을 위한 첫걸음. 서울: 파란마음.

엄정애(2009). 영유아 놀이와 교육. 경기: 양서원.

한국전통건축연구회(2002). 한국건축사. 서울: 서우.

Bender, J. (1978). Large hollow blocks: Relationship of quantity to block building behaviors. *Young Children, 33*(6), 17-23.

Copley, J. V. (2000). *The young child and mathematics*. Washington, D.C.: NAEYC.

Curtis, D., & Carter, M. (2008). *Learning together with young children*. St. Paul, MN: Redleaf Press.

Epstein, A. S. (2014). *The Intentional teacher* (Rev. ed.). Ypsilanti, MI: High/Scope Press.

Hirsch, E. S. (1974). Block building: Practical considerations for the classroom teacher. In E. S. Hirsch (Ed.), *Block Building* (pp. 88-100). Washington, D.C.: NAEYC.

Jones, E., & Reynolds, G. (2011). *The play's the thing: Teachers' roles in children's play* (2nd ed.). New York, NY: Teachers College Press.

Johnson, H. (1933). The art of block building. In E. S. Hirsch(Ed.), *The block book*. Washington, D.C.: NAEYC. 9-27.

Newburger, A., & Vaughan, E. (2006). *Teaching numeracy, language, and literacy with blocks*. St. Paul, MN: Redleaf Press.

Power, T. G. (2000). *Play and exploration in children and animals*. Mahwah, NJ: Erlbaum.

Schwartz, S. L., & Copeland, S. M. (2013). **발현적 유아교육과정과 표준의 연계**. (박은혜 · 신은수 · 김희진 · 이지현 역). 서울: 학지사.

Wellhousen, K., & Giles, R. (2005). Building literacy opportunities into children's block play what every teacher should know. *Childhood Education, 82*(2), 74-78.

저자소개

박은혜
전 이화어린이연구원 원장, 이화여자대학교 유아교육과 교수

김희진
현 이화어린이연구원 원장, 이화여자대학교 유아교육과 교수

홍누리
이화여자대학교 대학원 유아교육과 박사과정 수료

조하나
이화여자대학교 대학원 유아교육과 박사

이화여자대학교 이화어린이연구원 총서 4
교사라면 꼭 알아야 하는 **쌓기놀이 지도의 모든 것**

초판 1쇄 인쇄 2016년 4월 22일
초판 3쇄 발행 2022년 4월 15일

지은이_ 박은혜 · 김희진 · 홍누리 · 조하나
펴낸이_ 황호철
펴낸곳_ 도서출판 파란마음

주소_ 04315 서울시 용산구 백범로90라길 47 | 전화_ (02) 3275-2110~1 | 팩스_ (02) 3275-2199
홈페이지_ http://paranmaum.co.kr/

등 록_ 2006년 4월 24일 · 제302-2006-00024호

ISBN 978-89-97982-41-7 93370
값 7,000원